Mexiko

Klassische Reiseziele

Die Tempel der Maya in Yucatan

Mario Sartor

Atlantis

Ins Deutsche übertragen von
Elisabeth Stiefenhofer

Redaktion
Dr. Dieter Struss

Titel der Originalausgabe
Yucatán, civiltà Maya

Herausgeber der Reihe
Silvio Locatelli und Marcella Boroli

Lizenzausgabe 1989 für
Manfred Pawlak Verlagsgesellschaft mbH, Herrsching

Printed in Italy, New Interlitho S. p. a. – Trezzano
ISBN 3-88199-559-5

Die Maya, ein Volk im Zeichen der Gestirne

Über den Ursprung der Maya hielten sich – genährt von einer Reiseliteratur, die mehr dem Phantastischen und Unfaßbaren zugeneigt war als nüchterner Beobachtung – lange Zeit falsche Theorien. Und so war noch bis vor wenigen Jahrzehnten ihr Leben und ihre Kultur Gegenstand phantasiereicher, geheimnisumwobener Vorstellungen. Hinzu kommt, daß zur Zeit der Eroberung und der ersten Kolonisation Amerikas nur sehr wenige Konquistadoren und Missionare es verstanden, über vordergründige Äußerlichkeiten hinweg Wesen und Sinn der präkolumbianischen Kulturen zu erfassen. Sie drückten Ihnen oft schon im Vorfeld enge geistige Raster auf oder sich von der eigenen Verwunderung, ja Verständnislosigkeit angesichts so anderes gearteter Lebensformen irreführen. In jenem letzten Aufflackern der heute versunkenen urbanen Kulturen sahen Soldaten und Kleriker die Tempel und Pyramiden mit ihren bildlichen Darstellungen als verfluchte »Wohnstätten des Teufels«, angefüllt mit bluttriefenden, höllischen Götzenbildern. Zum Glück sind wir von diesen Zeiten heute weit entfernt: Geschichte und Archäologie haben endgültig für eine gerechte Darstellungsweise gesorgt. Die Monumente haben ihren unheilvollen, düsteren Zauber verloren und stattdessen den heiteren Reiz lebendiger Strukturen gewonnen. Langsam enthüllt die auf eine eminent menschliche Ebene zurückgeführte Maya-Kultur ihre vielen eifersüchtig gehüteten Geheimnisse.

Das Umfeld

Aus der Vogelperspektive sieht die Halbinsel Yucatán aus wie ein kompaktes flaches Landviereck, das nur im Nordwesten von ein paar niedrigen Hügeln durchzogen wird. Die Niederschläge nehmen – heute wie in früheren Zeiten – nach Norden hin ab und bestimmen das natürliche Wachstum des Waldes. Er ist hier deutlich niedriger als in den anderen Gebieten, in denen die zahlreichen Maya-Kulturen heimisch geworden sind. Selten findet man die hohen Ceiba-Bäume, die bei den alten Maya wohl wegen ihrer eindrucksvoll-majestätischen Größe als heilig galten. Aber begünstigt durch das tropische Klima überzieht die Vegetation alles, woran der Mensch nicht ständig Hand anlegt. Durch Jahrtausende hindurch trotzten die Maya dem wuchernden Urwald das Land ab, das sie für die *milpa* benötigten, ein Anbausystem, bei dem Ackerflächen durch Abbrennen von Waldstücken und Rodung mit Steinwerkzeugen gewonnen werden. In den aschegedüngten Boden wurden Mais, Paprika, Bohnen und Kürbisgewächse ausgesät. Da es für den Menschen keine Arbeitserleichterung durch Zugtiere gab, war eine Ernte, von der die Familie leben konnte, das Ergebnis mühevoller Handarbeit, und was an Überschüssen erzeugt wurde, diente von der präklassischen Periode an (2000 v. Chr.) dem Unterhalt einer elitären Herrscherklasse. Aufgrund der Schwierigkeiten bei der Bewässerung des karstigen Bodens und wegen der dünnen Humusschicht wurden die Anbauflächen häufig gewechselt, um dem ausgelaugten Land Gelegenheit zu geben, sich zu erholen.

Noch bevor die Völker Yucatáns sich Maya nennen und eine Kultur eigener Ausprägung schaffen konnten, spielte hier wie in den anderen mesoamerikanischen Kulturgebieten eine Nutzpflanze, nämlich der Mais, eine lebenswichtige Rolle. Einer der ersten technologisch und kulturell entwickelten Völkerstämme Amerikas, das Volk der Olmeken, von dem in der Gegend von Veracruz noch deutlich sichtbare Spuren erhalten sind, hatte zu dieser Kultur einen nicht unerheblichen Beitrag geleistet. Ohne die Entwicklung einer eigenständigen Weltanschauung und eigener Wertsysteme durch die Maya zu verhindern, wurden dank olmekischer Einflüsse die Grundlagen für die Entstehung einer Gesellschaftsstruktur geschaffen. Auf dem Nährboden dieser Kultur bildeten sich Zentren heraus, die eigenständige Entwicklungen hervorbrachten, wobei durchaus ein kultureller Austausch und eine gegenseitige Befruchtung stattfanden, vor allem in den Städten des zentralen und des nördlichen Maya-Territoriums. Dort schufen die präkolumbianischen Völker städtebauliche Meisterwerke, in denen sich Kunst und Kultur zur vollen Blüte entfalten konnten.

Das kulturelle Erbe

Zu den Kultinhalten, die personifiziert oder einer Schutzgottheit zugeordnet wurden, gehörten unter anderen Schmetterlinge, der Jaguar, die Sonne, der Mond, die Venus, Himmel und Hölle, die Wochentage und der Mais. Aber die Ehrfurcht gegenüber den Gestirnen oder den schicksalhaften Fügungen im Ablauf von Tag und Nacht schloß nicht aus, daß sich die Maya mit der Umlaufbahn der Planeten, mit dem Phänomen der Zeit, dem Sonnenzyklus, der Berechnung von Eklipsen oder des Venusjahrs, mit Sonnenwenden und Tag- und Nachtgleichen wissenschaftlich befaßten. Archäologische Beweise dafür gibt es genügend in vielen Stelen von Copán, Quiriguá und Tikal, in den Inschriften von Palenque, in den Codices und nicht zuletzt im runden Observatoriumsturm El Caracol in Chichén Itzá. Die Berechnung der Zeit und die Beobachtung der Gestirne sowie die räumliche Einordnung anhand fester Bezugspunkte wie der Himmelsrichtungen sind wesentliche Aspekte für das Verständnis der Maya-Kultur und ihren Monumentalbauweise.

In Yucatán findet man verhältnismäßig wenige Stelen und Datierungen, die auf Zeitberechnung oder Sternenbeobachtung hinweisen. Künstlerische Schöpfungen, die auf dasselbe Zeit- und Raumverständnis schließen lassen, wie wir es von den anderen Gebieten kennen, legen aber die Vermutung nahe, daß die in dieser Hinsicht schon gereiften Erkenntnis von anderen Maya-Regionen übernommen wurde; wenn auch mit der zeitlichen Verzögerung von mindestens einem Jahrhundert, dann nämlich, als sie anderswo schon im Niedergang begriffen war.

Die Maya glaubten, daß das Universum sich in einem regelmäßigen Turnus erneuere, und zwar nach Vollendung einer jeden Epoche im Weltuntergang. Aber auch innerhalb jeder Epoche wiederholen sich die Ereignisse in regelmäßigen Abständen. Das »Chilam Balam« von Chumayel, ein in der Maya-Sprache Yucatáns verfaßtes und in spanischer Phonetikumschrift niedergelegtes Spätwerk, ist in dieser Hinsicht sehr aufschlußreich: Es führt uns eine Folge apokrypher Prophezeiungen vor, die Unglück und Leid vorhersagen. Trotzdem war es für die Maya beruhigend zu wissen, daß sich die Geschichte – wenn man von Geschichte in diesem Sinn überhaupt sprechen kann – ohne große Änderungen in einer Art ewiger Wiederkehr wiederholt. In diesem Zusammenhang ist es hilfreich zu wissen, daß die Maya aus der Zeit einen echten Kult und aus der Astronomie eine religiöse Berufung gemacht haben.

Es gilt als gesichert, daß viele Monumentalbauten der Beobachtung der Himmelskörper dienten. Ihr Standort innerhalb des Gemeinwesens ist deshalb niemals zufällig. Dies gilt auch für ihre Ausrichtung und ihre architektonischen Merkmale. In Chichén Itzá zum Beispiel zählt man an den vier Treppen, die zur obersten Plattform hinaufführen, insgesamt 365 Stufen. Verbindet man solche Beobachtungen mit Kenntnissen, die uns von den Spaniern überliefert wurden, und mit bestimmten Entdeckungen von Wissenschaftlern, dann versteht man, welche Bedeutung die Maya dem Lauf der Zeit beigemessen haben. Neben dem Sonnenjahr, das mit äußerster Genauigkeit auf achtzehn Monate (*uinal*) zu zwanzig Tagen (*kin*) plus fünf unheilbringende Tage berechnet wurde, gab es einen heiligen Kalender (*txolkin*) mit 260 Tagen, der aus der Kombination von dreizehn Zahlen mit zwanzig Tagesnamen gebildet wurde. Das »Maya-Jahrhundert« ist ein Zeitraum von 18.980 Tagen, das entspricht 52 Jahren zu je 365 Tagen. Am Ende dieses Zyklus beginnt die Zählung wieder mit dem Namen des Tages, der Zahl und der Position des Monats am Ausgangspunkt (13 *Ahau*, 18 *Cumku*). Aber das Rechnungssystem der Maya, das auf Zwanziger-Schritten beruht, kennt auch eine Zwischenstufe von zwanzig Jahren, den *Katun*. Offensichtlich gab es für die Maya verschiedene Ebenen der Zeitbetrachtung. Wie auch bei anderen Völkern mußte die Zeiteinteilung ursprünglich mit der Notwendigkeit in Einklang gebracht werden, die Landarbeit zu planen und auszuführen. Später kam dann durch die Priester-Astronomen die strengere wissenschaftliche Beobachtung unter abstrakten Kriterien hinzu, die scheinbar fern jeglicher praktischen Funktion waren. Auf einer anderen Ebene wurde das Volk seinerseits durch die wissenschaftlichen Theorien (vielleicht auch Philosophien) über die Zeit und ihre Auswirkungen teils ermutigt, teils eingeschüchtert. Es betrachtete die Tage als Gottheiten und widmete ihnen – zweifellos mit Unterstützung der Priesterkaste – einen eigenen Kult.

Das Vorhandensein zweier »Lesarten« der Wirklichkeit, einer elitären und einer volkstümlichen, zeigt sich auch im kosmologischen Verständnis, d.h. in der Darstellung des Raumes und in der Interpretation des Kosmos. Die Berührungspunkte sind zahlreich, aber es bleibt viel Freiraum für Interpretationen. Für den durchschnittlichen Maya ist die Erde ein Quadrat, das auf dem Rücken eines gigantischen Kaiman ruht. Darüber befinden sich dreizehn Himmel (mit dem Gott Ox-lahun ti-ku an der Spitze) und darunter neun Höllen (angeführt von Bolon tiku). Aus dem Zentrum der Erde wächst ein großer Baum, dem die Farbe Grün zugeordnet ist. An den Punkten der vier Himmelsrichtungen stellen ebenfalls Bäume, nämlich die heiligen Ceiba-Bäume, die Verbindung zum Weltraum her. Für jeden dieser Bäume steht eine andere Farbe. Vier Bacab, das sind riesenwüchsige Halbgötter, halten die Himmel und heiligen die Hauptrichtungen. Auf der doktrinär-hypothetischen Ebene stießen die Maya-Priester dieses phantasievolle und gleichzeitig willkürliche Weltbild keineswegs um, sondern sie vereinfachten es, indem sie es auf eine Form zurückführten, die zwar nicht bar jeden Mythos', aber befreit von Auswüchsen der Phantasie war. In gewisser Weise sind die Pyramiden die architektonisch-mathematische Darstellung der kosmologischen Theorie.

Interessant ist in diesem Zusammenhang die Frage, wann und unter welchen Umständen Bauwerke bestimmte symbolische Bedeutungen annahmen. Allerdings vertreten viele auch die Ansicht, daß der Ursprung der Pyramide, bezogen auf die Symbolwelt der Maya, nichts mit kosmologischen Erwägungen zu tun habe. Sie soll aus der für die Maya typischen Bauweise entstanden sein, derzufolge Wohnungen aus Gesundheitsgründen auf das Fundament einer Plattform gestellt werden. Ihre ungewöhnlichen Ausmaße seien damit zu erklären, daß die Gottheit so unendlich viel höher gestellt war als der Mensch. Aus der Sicht einer Religion, in der die Auffassung von der Gottheit eine naturalistische war, erscheint diese Erklärung glaubwürdig, aber vermutlich deckt sie nur einen Teilaspekt ab. Über den Symbolgehalt der Pyramide sind im Laufe der Zeit noch andere, keineswegs widersprüchliche, sondern einander ergänzende und stützende Theorien entwickelt worden, wie z.B. die Vorstellung von der pyramidenförmigen, d.h. wirklichkeitsgetreuen, Struktur der Gesellschaft.

Überlegen wir uns doch einmal, wie die Maya-Gesellschaft von der präklassischen Periode an (etwa 2000 v. Chr.) aussah, von dem Moment an also, da sich ganz gleich, ob auf freiwilliger Basis oder erzwungenermaßen, soziale Schichten herauszubilden begannen. Da finden wir an der Spitze der Maya-Gemeinschaft eine Priesterkaste, die ihre Ämter, auch die weltlichen, kraft des Ansehens ausübt, das ihre Spezialisierung verleiht: Der gewohnheitsmäßige Umgang mit allem, was heilig ist, mit der Schrift, mit den astronomischen Kenntnissen und mit den Grundlagen einer ärztlichen Kunst. Später, in einer verweltlichteren Phase, wird diese Kaste ihre Macht auch unter Gewaltanwendung ausüben. Die äußeren Zeichen von Ansehen und Befehlsgewalt sind Gewänder aus Leinen und prachtvoller Federschmuck. Auch die Wohnungen der Angehörigen dieser Schicht werden den Wohnstätten der Götter immer ähnlicher: Man stellt sie auf hohe Sockel, als Baumaterial verwendet man Steine und Kalk, sie werden verputzt und mit Fresken geschmückt, sie sind kühl und schattig, und man faßt sie zusammen in einer wohlgeordneten, oft eigens geplanten Zitadelle. Wohlstand und Reichtum dieser vermutlich geschlossenen Kaste zeigt sich in einer höheren Lebensqualität. Priester sind von schwerer körperlicher Arbeit befreit, sie brauchen sich weder um Nahrung noch um Kleidung zu kümmern, ihre täglichen Gebrauchsgegenstände sind edler als die anderer Sterblichen und sie können Vergnügungen nachgehen, wie dem Ballspiel, bei dem sie entweder als Zuschauer oder als Organisatoren auftraten. Die Risiken einer solchen Lebensführung dürften über lange Zeit gering gewesen sein, und man kann schwer glauben, daß es interne Aufstände gegeben haben soll mit dem Ziel, die herrschende Ordnung umzustürzen. Einen Beweis dafür gibt es jedenfalls nicht.

Wenn es an der Spitze Veränderungen gegeben hat, dann mutmaßlich im engen Kreis der in die Riten und in die Macht Eingeweihten. Und es ist nicht gesagt, daß diese Auseinandersetzungen nicht blutig verlaufen wären. Die Verherrlichung der Oberpriester zeigt sich sehr deutlich überall dort, wo bei ihrem Tod der Pyramide oder Pyramidenplattform eine neue Funktion zugewiesen wird: Sie dient dem Verstorbenen als Grabstätte, so wie in ähnlicher Weise die gewöhnlichen Sterblichen unter dem Fußboden ihrer Wohnung bestattet werden. Die Jade, mit deren Hilfe der Verstorbene sich einen Platz im Jenseits sichern kann, findet in den Gräbern der Großen verschwenderisch Anwendung, und als letzte Huldigung der Lebenden an den Dahingeschiedenen werden in einer rituellen Handlung kostbar bemalte Gefäße zerbrochen.

Die Maya-Kultur der klassischen Periode war schon lange vor Ankunft der Spanier erloschen, und da es bis heute keine gesicherte und umfassende Entzifferung der Bilderschrift gibt, bedient man sich prähistorischer Forschungsmittel, um Licht in das Dunkel zu bringen. Eine wenn auch kritisch zu lesende Hilfe kommt von den späten Quellen der Eingeborenenschriften des *Chilam Balam* und von den einzigen drei überlieferten Codices. Trotz einer mit Symbolen und Konventionen beladenen Ikonographie, und überlagert von Bezügen astronomischer und prophetischer Art, wird gleich einem Mosaik das Leben der Maya sichtbar. Das Schwergewicht der Beschreibung wird zweifellos auf Aspekte und wichtige Begebenheiten aus dem Leben der herrschenden Eliteschicht gelegt. Die Priester werden reich und prunkvoll geschmückt dargestellt. Sie tragen große Kopfbedeckungen aus Federn, ihr Körper wird in den Abbildungen meist von vorn oder in einer Dreivierteldrehung gezeigt, während der Kopf im Profil abgebildet wird, fast so als wollte man die Adlernase und einen von Kindheit an künstlich deformierten Schädel hervorheben. Die Ideale von Schönheit und Vornehmheit scheinen bei den Maya vor allem für die Männer eine ernste Angelegenheit gewesen zu sein. Es ist nichts Außergewöhnliches, in den Gräbern hochgestellter Persönlichkeiten einige Zähne, vor allem Schneidezähne zu finden, die künstlich abgebrochen und stark zugefeilt worden waren.

Wir können uns vorstellen, wie die Priester und die Eingeweihten zusammen mit den Honoratioren in feierlicher Prozession über die Wege *(sacbé)* geschritten sind, die durch das Monumentalzentrum führen. Kopal, ein Duftharz, brennt in den Weihrauchgefäßen, während die Prozessionsteilnehmer sich auf den Plattformen vor den Pyramiden aufstellen. Aber nur die Zelebranten steigen die steilen Stufen bis zur Tempelzelle empor, in deren Vorraum der Ritus vollzogen wird. Das Tempelinnere ist dafür meist zu eng und nur bei Sonnenuntergang fällt für wenige Minuten Licht in sein Dunkel. Horrorberichte über Massenmorde durch präkolumbianische Völker beruhen vermutlich auf späten, von den Azteken verübten Verirrungen, und wahrscheinlich sind diese auch sehr ungerecht ins Gigantische übertrieben worden, um ein moralisches Alibi für die Zerstörungen und die Morde im Zeichen der spanischen Eroberung zu schaffen. Die Maya machten entsprechend ihrer friedlichen, jeglicher unnützen Gewalt abgeneigten Art nur sehr selten von Menschenopfern Gebrauch. Zweifellos durchdrangen die großen steinernen Opfermesser gelegentlich die Brust junger, für den Ritus auserwählter Menschen, aber aller Wahrscheinlichkeit nach handelte es sich um Gefangene. Und was in unseren Augen als Akt der Grausamkeit erscheint, diente dem Zweck, mittels des vergossenen Blutes die Kraft der Götter zu stärken. Und wenn einem Menschen bei lebendigem Leib das Herz herausgerissen und geopfert wurde, dann war der absolute rituelle Höhepunkt erreicht.

Die Beteiligung des Volkes blieb begrenzt und war eher passiver Natur. Aktiv trat es nur mit Gesang und Tanz in Erscheinung, und häufig wurden dazu berauschende Mittel eingenommen. Die Feier des eigentlichen Ritus bleibt im wesentlichen außerhalb der Reichweite des gemeinen Volkes. Zu den Privilegien der Priesterkaste, die sich mit dem Namen »chilam« (der Wortführer, der Prophet) schmückte, gehörten auch die medizinischen Kenntnisse und die Mittel, um wie Schamanen Seele und Körper mit magischen Praktiken und Zauberformeln zu heilen. So groß war ihr Ansehen, daß sie sich oft auch noch einen anderen Beinamen zulegten: »balam«, was so viel heißt wie Jaguar, das stärkste und gefährlichste Tier, das es auf Maya-Boden gab. Die Ikonographie hat dafür ausdrucksvolle Bilder gefunden: Die Anführer sitzen auf der Strohmatte (bei den Maya ein Symbol, das mit einem Thron gleichzusetzen ist) und tragen auf den Schultern ein Jaguarfell. Das gilt auch für die Priester und in späterer Zeit, als durch die Invasionen aus dem nördlichen Mexiko die Sitten sehr stark verändert wurden, die Krieger. Es erklärt die Bedeutung dieses Beinamens: Der Weiseste, Stärkste oder Größte aller Menschen trägt denselben Namen und dasselbe Merkmal wie das Stärkste aller Tiere.

In der sozialen Pyramide steht an zweiter Stelle eine Mittelklasse, die sich im Glanz der Oberschicht zu sonnen scheint. Der höchste soziale Stand übertrug der Klasse der Handwerker die Ausführung der Monumentalwerke sowie handwerkliche Wertarbeiten aller Art. Ähnlich wie in der westlichen Welt, und wegen begrenzter Anreize von außen vielleicht sogar noch in stärkerem Maß, wird jeder Gegenstand nach bestimmten, vermutlich in mündlich überlieferten Codices festgehaltenen, Regeln erzeugt. Aber bei den Maya ist nicht nur die exakte technische Ausführung, sondern auch die genaue Wiedergabe der symbolischen Elemente wichtig, durch die Gegenstände und Strukturen mit rituellen kosmologischen und anspielungsreichen Bedeutungsinhalten belegt werden, so daß sie Träger der Weltanschauung und Zeugen der herrschenden Kräfteverhältnisse werden.

Zwar neigt jede Gesellschaft, unter anderem

schon aus Gründen einer weitgehend autonomen politischen Führung, zur Selbstgenügsamkeit, gewisse handwerkliche Produktionszweige sind jedoch an die natürlichen Gegebenheiten des Landes gebunden. Deshalb sind Handwerk und Handel eng miteinander verbunden. Fast überall wurde Terracotta-Geschirr hergestellt. Aber nur in bestimmten Gebieten, in denen der Ton besonders fein war, entwickelte sich eine hochwertige Gebrauchs- und Zierkeramik, die auch noch Hunderte von Kilometern vom Herstellungsort entfernt vertrieben wurde. Überall dort, wo es Mineralienvorkommen gab, wie z.B. in einem großen Gebiet des heutigen Belize, entwickelte sich offensichtlich ein ausgeklügeltes System der Steinbearbeitung, das unerläßlich war für die große Zahl von Gegenständen des täglichen Gebrauchs: Speerspitzen, »Messer«, mit denen man schneiden oder Fleisch häuten und Gemüse schälen konnte, feingearbeitete Opferinstrumente, einfache behauene Steine, die als Hammer dienten. Der kostbare Obsidian, ein vulkanischer Stein, der durchscheinend ist wie Glas, kam aus den Bergen Guatemalas oder aus einem Gebiet nahe Teotihuacán in Zentralmexiko nach Yucatán. Er wurde in kleinen Blocks angeliefert, die unter Druck gespalten und zu scharf schneidenden Klingen weiterverarbeitet wurden.

Es ist zwar nicht angebracht, moderne Vorstellungen von der Organisation handwerklicher Arbeit auf die Welt der Maya zu projizieren. Man kann aber mit Überzeugung sagen, daß die Spezialisierung bei den Maya sowohl in der klassischen Periode als auch in der spätklassischen Epoche zu einem Produktionssystem geführt hat, das man trotz aller Einschränkungen und bei allen Widersprüchen als Serienfertigung bezeichnen könnte. Das gilt nicht nur für die Bearbeitung von Stein für Werkzeuge und tägliche Gebrauchsgegenstände, sondern vor allem auch in bezug auf die großen Bauwerke, für die nach Entwurf oder Modell der Architekten und Baumeister Heerscharen fähiger Steinmetze ihre Arbeitskraft, teilweise in Vollzeitarbeit, zur Verfügung stellen mußten. Aufgrund der guten Qualität des Kalksteins ist die Architektur Yucatáns mehr als in irgendeinem anderen Maya-Gebiet durch Dekors aus Mosaiksteinen gekennzeichnet, deren verschiedene Muster sich in regelmäßigen Abständen wiederholen und die deshalb auch eine Serienfertigung erfordern.

Als Interpreten der Wünsche und Hegemonieansprüche der Führungsschicht schufen die Maya-Architekten, ausgehend von wenigen emblemhaften Formen, eine breite Palette urbaner Bauwerke. Durch ein kenntnisreiches Spiel mit Terrassen, abgestuften Plattformen und vielfältig gegliederten Monumentalbauten verstanden sie es, Räume zu gestalten. Die im Laufe von Jahrhunderten erworbenen technologischen Kenntnisse erlaubten es ihnen, die zahlreichen Probleme zu lösen, die mit den architektonischen Gegebenheiten eines Baustils und mit den ständig wechselnden Anforderungen einer in ihrer Natur sehr ausgeprägten und bis zum 12. Jahrhundert im Wachstum begriffenen urbanen Gesellschaft verbunden waren.

Aufgrund der besonderen klimatischen Verhältnisse in den von den Maya bevorzugten Siedlungsgebieten sind Gewebe nicht erhalten geblieben. Über die bildliche und schriftliche Überlieferung sind aber indirekte Kenntnisse von dieser Kunst auf uns gekommen und lassen uns an aufwendig gearbeitete Stoffe denken, bei denen Baumwolle und Vogelfedern das wertvolle Grundmaterial für die Kleidung der Adligen lieferten. Die Kleidung der Leute aus dem Volk war sehr viel einfacher und weniger kostbar. Als Rohstoffe dienten grobe Fasern, die aus den Blättern des *maguey*, einer Agavenart, gewonnen wurden.

Auf der untersten Stufe der sozialen Leiter, wenn auch gewiß nicht an der letzten Stelle des Produktionsprozesses, standen die Arbeiter auf den *milpa*, dem vom Urwald durch Rodung abgerungenen Land. Diese Arbeiter bildeten zahlenmäßig die stärkste Schicht und ihre an die Jahreszeiten gebundene Arbeit war nicht nur wichtig, sondern auch die anstrengendste von allen. Sie waren entweder über ein weites Gebiet im Umkreis der Monumentalzentren verstreut oder lebten in Gruppen von drei oder vier Wohneinheiten zusammen, die sich um eine leicht erhöhte, viereckige *plazuela* (kleiner Platz) drängten. Und so rodeten sie den Wald, machten Land urbar, säten und ernteten zu gegebener Zeit und besserten durch Jagd und die Aufzucht weniger Tierarten ihren Speiseplan auf. Aber auch in Zeiten, in denen sie nicht durch die Landarbeit beansprucht wurden, waren sie nicht untätig: Der Frondienst an den Repräsentationsgebäuden wie Pyramiden und Tempeln, Terrassen und Adeligen-Palästen nahm ihre Zeit in Anspruch und zwang ihnen ein Leben auf, das sie trotz allem als gegeben und unausweichlich annahmen. Andererseits erkannten sie in den Strukturen, an denen sie als einfache Arbeitskräfte mitschufen, die Bausteine einer Sozialordnung, die sie für die Ordnung der Welt selbst hielten. In ihrem Leben erhöhte der allgegenwärtige Sinn für das Göttliche jegliche Anstrengung und ließ den einzelnen bewußt und intensiv am Sozialleben teilhaben.

Die Klassische Periode

Zweifellos ist die Monumentalstadt (anders und zwangsläufig etwas einschränkend gesagt die Tempelstadt) das stattliche und auffallendste Ergebnis der Maya-Kultur in Yucatán. Mit einem Abstand von gut zweihundert Jahren zur Entstehung der klassischen Mayastädte anderer Gebiete (die ab dem 3. Jahrhundert n. Chr. einsetzt) wachsen in Yucatán zahlreiche höchst interessante Wohn- und Zeremonialzentren aus dem Boden. Es ist noch nicht hinreichend geklärt, worauf diese Verzögerung der klassischen städtebaulichen Entwicklung zurückzuführen ist. Natürlich fehlt es auch in Yucatán nicht an vorklassischen Zeugnissen wie z.B. in Dzibilchaltún. Dort entstanden, wie in anderen Maya-Zentren – beispielsweise Tikal und Uaxactún im Zentralgebiet –, unter dem Einfluß der Olmeken zwischen dem 8. und dem 3. Jahrhundert v. Chr. die ersten für die Maya-Architektur typischen Elemente: Man errichtete die ersten Plattformen, die noch von Bauten aus Holz, Rohrgeflecht und Blättern überragt waren, und baute die ersten stuckverkleideten Treppen. Ein besonderes Schicksal beschied Dzibilchaltún ein langes Leben bis in die Spätklassische Periode hinein, in dessen Verlauf sich atypische architektonische Besonderheiten entwickeln konnten.

Die Herausbildung einer typisch yukatekischen Maya-Architektur, die mit den in anderen Gebieten gereiften Stilrichtungen zwar verwandt, aber doch von ihnen unabhängig war, scheint das Ergebnis einer besonderen »künstlerischen« Neigung zur Lösung architektonischer Probleme zu sein, ist aber sicher auch darauf zurückzuführen, daß hier die urbane Kultur entschieden stärker weltlich orientiert war.

Die von den Maya erarbeiteten (und von anderen mesoamerikanischen Völkern mitgetragenen) Bauformen sind ziemlich einfach: Es handelt sich um Erdwälle in Form eines Pyramidenstumpfs, um Stufenpyramiden, auf denen häufig ein Tempel steht, um Ballspielanlagen und um andere, auf Plattformen errichtete, Gebäude, die sog. »Paläste«. Mit gestalterischem Geschick wurden durch schräge Flächen, Treppen, Gesimse und mit einem typischen Maya-Element, der *cresteria*, dem hohen Dachkamm am First der Tempel, immer neue Formen geschaffen.

Als in der Mittleren Vorklassischen Periode (1000 - 300 v. Chr.) ein großer Schritt zur Verbesserung der Qualität getan wurde, indem man von armseligen Baumaterialien zur Monumentalarchitektur auf der Grundlage von Stein und Kalk überging, standen auch für den Innenausbau von

Tempeln und Palästen besondere architektonische Lösungen an. In Nachahmung der Holzarchitektur erfand man ein originelles Überdachungssystem, das Maya-Gewölbe. Es handelt sich um einen falschen Bogen, weil es keinen Scheitel gibt und die Konstruktion nicht auf dem Spiel von Druck und Gegendruck, sondern auf der Kohäsionskraft des Baumaterials beruht. Mit diesem langfristig nicht sehr stabilen Überdachungssystem erzielte man kühle, wenn auch dunkle und enge Innenräume. Es erforderte aber gewaltige Stützmauern und insgesamt sehr massive Strukturen.

Auch wenn sie sich des Mißverhältnisses zwischen den enormen Ausmaßen der massiven Bauteile und dem bescheidenen Anteil der Hohlräume vielleicht bewußt waren, blieben die Maya bei ihrer Bautätigkeit dem Prinzip der altbewährten, aus einem Raum bestehenden Hütte treu. Noch heute werden Maya-Hütten innerhalb weniger Tage errichtet. Für die tragenden Teile und das stark geneigte Dach werden Palmenholz und Stangen verwendet. Diese Konstruktion wird mit einem Geflecht aus verputzten Zweigen oder einer mit Pflanzenfasern zusammengehaltenen Palisade verkleidet. Auch die einzelnen Teile der Grundkonstruktion werden mit Stricken aus Pflanzenfasern verbunden. Noch begrenzter als bei der Hütte sind die Räume der Monumentalarchitektur, wo zur Erzielung größerer Innenräume auf einer Achse mehrere Kammern nebeneinander oder hintereinander gebaut und mit einer Verbindungstür versehen werden mußten, Räume, die ohne diese Tür völlig blind gewesen wären.

Wir haben bereits gesehen, daß die herrschende Schicht, vor allem von der klassischen Periode an, dazu neigte, ihre Städte besonders prachtvoll auszustatten. Im Gebiet von Yucatán ist der Entwicklungsstand, den die Baustile von Río Bec, Chenes und Puuc erreichten, ein untrüglicher Beweis für das Bestreben, sich hervorzutun und sich selbst zu bestätigen. Zwar waren die Maya-Städte nicht so dicht besiedelt und hatten auch nicht alle Funktionen einer heutigen Stadt, sie waren aber auch keineswegs nur religiöse Zentren. Wir können davon ausgehen, daß bei den Maya die politische Macht heilig war und daß sich demzufolge in den Städten auch alle Formen alltäglichen Lebens abspielten. Die ausgedehnten Freiräume zwischen den Gebäudegruppen dienten vermutlich auch Marktzwecken. Kauf und Verkauf erfolgten im Tauschhandel, wobei als Währungseinheit eine Ware besonders beliebt war, der Kakao. Außerdem muß das Zentrum auch Anziehungspunkt für die zahlreichen Feste gewesen sein, die sich aus dem religiösen Kalender ergaben.

Río Bec und Chenes

Die bedeutendsten Stilrichtungen Yucatáns kommen in der Spätklassischen Periode zum Ausdruck, d.h. in der Zeit zwischen den Anfängen des 7. Jahrhunderts und dem 10. Jahrhundert n. Chr. Eine bereits erwähnte Ausnahme ist Dzibilchaltún mit seinem besonders bemerkenswerten Tempel der sieben Puppen, der im 5. Jahrhundert n. Chr. erbaut wurde.

Die Charakteristiken des Río-Bec-Stils, die in abgewandelter Form auch an den Bauwerken anderer Stilarten auftreten, bestehen in eigenartigen falschen Pyramiden mit falschen Tempeln, die an palastartige Bauten angefügt werden. Es ist, als wolle man ein bewährtes architektonisches Motiv bewahren, indem man ihm eine optische Schmuckfunktion zuweist, die der Funktion des Palastes untergeordnet ist: In Río Bec, Chicanná und Hormiguero stehen diese Pyramidenbauten als Ecktürme. An den Bauwerken von Xpuhil taucht neben den drei Türmen, von denen einer ein zentrales Bauwerk ist, in auffallender Weise ein Dekor mit großen Masken auf. Ihre weitaufgerissenen Riesenmäuler, die zu einem ebenfalls typischen Motiv dieses Baustils geworden sind, bedecken die Fassaden der falschen Tempel und den Fries des Palastes. In Chicanná und Hormiguero bilden solche Riesenmäuler die Eingangstore zum Bauwerk, und wie um den *horror vacui* noch zu verstärken, wiederholen sich in eindringlicher Folge Masken des Regengottes Chac.

Die auch in den anderen Stilrichtungen zu beobachtende starke Stilisierung erschwert die Erschließung der Symbolgehalte, aber die Masken am Eingang von Bauwerken hatten vermutlich eine initiatorische Bedeutung.

Die stilistischen Besonderheiten der Chenes-Region (der Name leitet sich von den zahlreichen natürlichen Brunnen ab, die in der Mayasprache *chen* genannt werden) sind weniger stark ausgeprägt. Bestimmte ikonographische und architektonische Motive finden sich in allen Maya-Gegenden wieder: Spielarten sind jeweils von der Erfindungsgabe oder vom Einsatz unterschiedlicher Materialien abhängig. In der Chenes-Architektur finden wir bisweilen strenge und fast schmucklose Strukturen neben Bauwerken, die mit steinernen Ornamenten überreich geschmückt sind. Vor allem die Masken mit dem aufgerissenen Schlund wiederholen sich laufend. Anderswo wiederum finden sich im Einzugsgebiet derselben Stilrichtung die Masken aus bemaltem Stuck und erinnern an ähnliche Erzeugnisse aus Belize und Quintana Roo. Im Chenes-Stil entstehen originelle Bauwerke, die zwar die üblichen Elemente der Maya-Kunst in sich vereinen, diese aber in einen ungewohnten Kontext stellen: Die falschen Pyramiden des Río Bec werden hier zu gemauerten Türmen mit vorgelagerten Treppen und werden kombiniert mit oft mehrstöckigen, von einem Dachkamm überragten, palastähnlichen Baukörpern, die häufig auch durch Säulen gegliederte Galerien aufweisen.

Wegen seiner üppigen Flachreliefdekors wurde der Chenes-Stil auch als »Maya-Barock« betitelt, eine treffende Bezeichnung, wenn man nur die dekorativen Aspekte barocker Kunst in Betracht zieht und alles Beunruhigende und Ängstigende beiseite läßt.

Die Puuc-Region

Die benachbarte Puuc-Region (ihr Name geht auf eine Vielzahl niedriger Hügel zurück) hat nicht nur eine große Variationsbreite an architektonischen Kombinationen und stilistischen Neuerungen aufzuweisen, sondern ihre Kunst wirkt auch klarer und leichter, weil sie auf übertriebenes Dekor verzichtet. Es ist möglich, daß die Einflüsse der beiden Nachbarregionen erst zu wirken begannen, als der eigene Baustil, in dem bauliche Klarheit oberster architektonischer Wert bedeutete, bereits ausgeprägt war. Man scheint hier vor allem horizontale Linien und Dekors in regelmäßiger Folge zu lieben.

In Edzná in Campeche, wo diese Stilart wohl ihren Höhepunkt erreichte, wird man Zeuge einer originellen Verbindung anderer Stilrichtungen mit eigenen Neuerungen. Die Architektur scheint hier Ausdruck wesentlicher Veränderungen in bezug auf die Gesellschaft und die Religion der Maya zu sein. Es gibt zwar bis jetzt noch keine anderen Quellen, um diese Theorie zu untermauern, aber ein sichtbares Zeichen für den Wandel im Kult und im sozialen und religiösen Leben ist ein fünfgeschossiges Bauwerk, an dem eine breite Treppe zu einem Tempel hinaufführt, der den Gesamtkomplex krönt. Das Bauwerk ist halb Pyramide, halb Palast: Von der Pyramide hat es die Stufeneinteilung und vom Palast die gegen die Fassaden hin offenen Galerien. Das ganze Bauwerk hat als einzigen Schmuck am Fries einen einfachen Sims und im vierten Stock lockern breite, von Säulen mit viereckigen Kapitellen gestützte Öffnungen das Erscheinungsbild auf.

Die Säule wird in diesem Stil sowohl als dekoratives als auch als architektonisches Element sehr wirkungsvoll eingesetzt. Ein gutes Beispiel hierfür ist der große dreistöckige Palast von Sayil. Er ist eines der wertvollsten Bauwerke des Zentralgebietes und absolut eines der schönsten Yucatáns. Nur der Gesamtkomplex erinnert entfernt an eine Pyramide im herkömmlichen Sinn. Die Verwirklichung räumlicher Vorstellungen, wie sie vor allem an zwei Fronten zum Ausdruck kommt, verleihen dem Bauwerk das unverwechselbare Aussehen eines Palastes, der sich keineswegs unbedingt aus einer Stufenpyramide entwickelt haben muß. Besonders eigenwillig wirkt dieses Bauwerk durch die Vielzahl architektonischer Lösungen an der Hauptfassade, die jedoch so klar und ausgewogen eingesetzt sind, daß zwischen den einzelnen Teilen kein Ungleichgewicht entsteht. Leichte Gesimse, dekorative Paneele, in denen sich das Säulenmotiv wie eine steinerne Nachbildung der aus Holz gebauten Maya-Hütten wiederholt, säulengestützte Öffnungen, große Chac-Masken, das sind die Grundelemente, die dem Bauwerk Grazie und Charme verleihen. Eine bewußte Nachahmung der Holzarchitektur finden wir auch in Labná und in Uxmal. Sie stützt die These, daß sich an den Monumentalbauwerken in zunehmendem Maß ein Verweltlichungsprozeß zeigt, und sie kann ein Zeichen dafür sein, welche Aufmerksamkeit die herrschende Schicht ihrer Wirkung nach draußen widmete, in dem Bewußtsein, daß zur Erreichung politischer Ziele das Erscheinungsbild in der Öffentlichkeit gepflegt werden mußte.

Kiuik und Xlabpak weisen, ebenso wie einige andere kleinere Zentren, Bauwerke mit besonders schönen Säulenpaneelen auf. Und sowohl in Xlabpak als auch in Labná wiederholen sich an den Gebäudefassaden drei Dekorationsmotive besonders häufig: Die kleinen Säulen, die Mäander und die Chac-Masken mit den rüsselartigen Nasen. Das letztgenannte Motiv dient hier wie anderswo eindeutig dem Zweck, den Regengott versöhnlich zu stimmen. Aufgrund der Klima- und Bodenverhältnisse kommt den Niederschlägen in dieser Region eine besonders große Bedeutung zu. Wie in einer Litanei wiederholen sich an den Palästen von Labná, Kabáh und Chichén Itzá die Masken des Regengottes und machen bei jedem Schritt das Flehen um Regen deutlich.

Unter den verschiedenen architektonischen Neuerungen des Puuc-Stils ist ein Phänomen von besonderem Interesse: In den drei Städten Labná, Uxmal und Kabáh wird das falsche Gewölbe nicht zur Überdeckung eines geschlossenen Raumes verwendet, sondern als eigenständiges architektonisches Element, das auf elegante Weise sowohl baulichen als auch praktischen Erfordernissen entspricht. Es handelt sich nicht um Triumphbogen, wie man sie manchmal in einem wenig glücklichen Vergleich mit anderen Kulturen auch genannt hat, sondern um Durchgangs- oder Verbindungsbogen zwischen zwei Bauwerken oder zwei architektonischen Gegebenheiten. Vor allem in Labná scheinen sich die Erbauer der Originalität ihrer neuen Lösung bewußt gewesen zu sein. Das Dekor unterstreicht mit altbekannten (Masken und Mäander) und neuen Motiven (zwei stilisierte Maya-Hütten) die weltliche und ästhetische Funktion des Bauwerks, das offenbar nichts mit Initiationsriten zu tun hatte.

Der Bogen von Kabáh, ein nüchternes, strenges Bauwerk am Eingang der Stadt über einem *sacbé*, der das Zentrum mit Uxmal verband, sollte möglicherweise symbolisch den heiligen Raum (das Stadtinnere) vom profanen Bezirk (das Äußere) trennen. Der Kontrast zwischen diesem Bauwerk und den zahlreichen anderen Bauten dieser Stadt springt ins Auge. Besonders deutlich wird er bei der Gegenüberstellung mit seinem natürlichen Gegenpol, dem Chac-Heiligtum Codz-Poop. Die kraftvollen Reliefs mit den Rüsselmasken des Regengottes, die in langen Quer- und Längsreihen an der Fassade angebracht sind, stellen ein beklemmendes Dekor dar, das man sonst nur noch am Haus der Nonnen in Chichén Itzá wiederfindet. Aber trotz der Anlehnungen an den Río-Bec- und den Chenes-Stil zeigt sich hier wie da ein ausgeprägter Sinn für Rhythmus, der den anderen Stilrichtungen fehlt.

Wenige Monumentalzentren Yucatáns haben die Faszination Uxmals. Die Blöcke, in denen die einzelnen Bauwerke durch gemeinsame Terrassen oder stilistische und architektonische Mittel miteinander verbunden sind, stehen im Kontrast zu der beherrschenden Wucht der Pyramide des Zauberers und der Großen Pyramide. An den Palastbauten, wie z. B. dem Nonnenviereck, dem Taubenhaus, dem Haus der Schildkröten und dem Palast des Gouverneurs, überwiegen horizontale Linien und eine rhythmische Abfolge des Dekors. Obwohl jedes Bauwerk seinen eigenen Charakter hat, wirkt Uxmal in stilistischer Hinsicht sehr einheitlich. Die Schmuckmotive sind im wesentlichen dieselben, wie wir sie von den anderen Zentren her schon kennen. Das Besondere an dieser Stadt aber ist die Ausgewogenheit aller baulichen Elemente und die strikte Beachtung der Puuc-Regel, daß der untere Teil der Fassade von jeglicher Paneelverzierung freibleiben muß. Auffallend sind die klaren Gesimse, mit denen die Fassade zweigeteilt wird und die einen edlen Rahmen für die Kreuzgitter- oder Mäandermotive abgeben. Besonders gelungen ist die thematische Wiederholung der großen Dekormotive am Nonnenviereck. Das Schlangenmotiv, das überall auftaucht und das Mosaiksteindekor umrahmt, läßt auf kulturelle Kontakte mit dem zentralaztekischen Gebiet schließen.

Die Hauptattraktion Uxmals ist aber die Pyramide des Zauberers und dies nicht nur wegen ihrer majestätischen Größe. Ihre versteinerte Geschichte läßt sich an gut vier Überbauungen ablesen, die auf ihr Lebensalter hinweisen. In Übereinstimmung mit bestimmten, für die Maya-Gemeinschaft grundlegenden Daten oder Ereignissen war es üblich, Bauwerke zu überbauen, wobei die vorherige Bausubstanz erhalten blieb. In Chichén Itzá gibt es hierfür ebenfalls zwei postklassische Beispiele: El Castillo und der Tempel der Krieger. Die heute sichtbare Pyramide ist von einem Tempel im reinen Puuc-Stil gekrönt. An ihrer Rückseite steht jedoch ein Tempel, der einer früheren Epoche zuzurechnen ist und der mit seiner Türöffnung und dem Dekor aus aufgerissenen Monsterrachen Einflüsse des Chenes-Stils zeigt. Hier haben wir eine Bestätigung dafür, daß der Chenes-Stil ein Vorläufer war und daß sich der Puuc-Stil als ausgewogenes Reifeprodukt aus anderen Stilrichtungen entwickelt hat.

Die Nachklassische Periode

Die Pracht der klassischen Architektur ist spürbares Zeichen eines wirtschaftlichen Gleichgewichts und eines gewissen Wohlstands, und wir können wohl auch davon ausgehen, daß der soziale Friede weder von innen noch von außen her gestört war. Aber im Laufe des 9. und zu Beginn des 10. Jahrhunderts erleben die klassischen Maya-Städte ihren raschen und unaufhaltsamen Niedergang; und wenn sie auch nicht ganz verlassen werden, so verfallen doch die großen Bauwerke sehr schnell zu Ruinen. Als wahrscheinlichste Erklärung für dieses Phänomen kann man annehmen, daß die klassische Maya-Kultur in eine Krise geraten und überrollt worden war von wandernden Völkern aus dem heutigen Mexiko, von denen viele Halbnomaden oder zumindest nicht vertraut waren mit den Gesellschaftsformen städtischen Lebens. Die Halbinsel Yucatán war davon fast in ihrer ganzen Ausdehnung betroffen. Unter den ersten, die sich in Chichén Itzá gegen das Jahr 918 n. Chr. niederließen, sollen die Itzá gewesen sein, die auf dem Seeweg nach Yucatán gelangt waren. In der Folge soll die Stadt zwei Jahrhunderte lang unter der Herrschaft anderer Invasoren gestanden haben, nämlich der aus Tula im zentralen Hochland von Mexiko stammenden Tolteken. Wie dem auch sei, Tatsache ist, daß sich in Yucatán, in Chichén

Itzá, Izamal und an der Küste in Tulúm, Xelhá und in anderen Zentren ein starker Einfluß aus dem nördlichen Mexiko breit macht. In Brauchtum und sozialem Leben gab es sicherlich viele Umwälzungen. Sowohl die genannten Städte als auch das spätere Mayapán tragen jetzt die Züge einer Militarisierung, die bei den Maya früher nicht bekannt war. Es entstehen Bauwerke wie der Tempel der Krieger in Chichén, der von einer Vielzahl von Säulen umgeben ist. Sie trugen das Dach langgestreckter Versammlungsräume. Es fehlt auch nicht an Verteidigungswerken, wie z.B. dicken Mauern. Der Kult um Quetzalcatl-Kukulcán, der vom zivilisatorisch wirkenden Volksheld zur blutrünstigen Gottheit absank, entspricht genau wie die anderen neueingeführten Kulte den Erfordernissen einer Kultur, die in Krieg und Kampf ein lebensnotwendiges Mittel sieht. So wird es üblich, auf Altären, die Jaguare oder Gottheiten darstellen, Menschen zu opfern und auf dem *tzompantli* (Schädelgerüst) Totenköpfe zur Schau zu stellen.

In Chichén Itzá unterstreichen – wie in Tula – stereotyp wiederkehrende Soldatendarstellungen an den Pfeilern die militärische Einstellung der neuen Herren. Klapperschlangen, Adler und Jaguare sind zusammen mit den Kriegern die neuen Bildzeichen für den Schmuck von Bauwerken. Die neue Stilrichtung erfaßt auch bestehende Bauwerke. So bekommt El Castillo, eine Tempelpyramide, die eine andere spätklassische Pyramide überdeckt, zumindest teilweise das veränderte kulturelle Klima zu spüren.

Tulúm (Festung) hat mit seinen drei Umfassungsmauern und der steil zum Ozean abfallenden vierten Seite nicht nur die unverwechselbaren Merkmale eines befestigten Ortes, sondern es weist auch eine spröde, fast abweisende Architektur auf, die zwar der herkömmlichen Bauweise von Tempeln oder Palästen im Maya- und Maya-Tolteken-Stil folgt, aber eher an Verteidigungsanlagen als an Kultstätten erinnert. Man hat den Eindruck einer starken unveredelten Architektur, die auf ihre in gewisser Hinsicht originelle Weise eine zweifellos bestehende Maya- oder Tolteken-Tradition überwindet, um zum Ausdruck eigener Werte zu gelangen. Man kann dies an den überhängenden Mauern ablesen, an der besonderen Anordnung der Gebäude, die ganz eindeutig richtige Straßen einsäumen, und an den breiten Schutzmauern. Aufgrund seiner Lage kontrollierte Tulúm vermutlich den Handelsverkehr entlang einem ausgedehnten Streifen an der karibischen Küste. Es bleibt aber die Frage, ob es wegen dieser besonderen Umstände eine Ausnahme darstellte, sozusagen die Frucht einer rauhen, nur hin und wieder unterbrochenen Einsamkeit war, oder ob es sich um ein vereinzeltes Beispiel für ein Entwicklungsstadium der Maya-Stadt handelt, bevor den Maya-Kulturen vom urbanen Leben nur noch die Erinnerung bleibt.

Venusstern vom Tempel des Planeten Venus in Chichén Itzá (Mérida, Regionalmuseum)

Das Wohn- und Zeremonialzentrum von Dzibilchaltún, das im Norden Yucatáns in der Nähe von Mérida liegt, ist eine der ausgedehntesten Stätten der Maya-Kultur. Besonders interessant ist das Gebäude, das Tempel der sieben Puppen genannt wird. Es steht inmitten des Zeremonialzentrums, dort, wo sich eine lange Straße, die Dzibilchaltún durchquert, zu einem großen Platz erweitert. Das sternförmig angelegte Bauwerk geht auf das 5. Jahrhundert, d.h. die Mittlere Klassische Periode, zurück. Der hohe Pyramidensockel hat vier nach den Himmelsrichtungen ausgerichtete Treppen, während der daraufstehende Tempel mit einem ungewöhnlichen Mittelturm ausgestattet ist und auf jeder Seite eine Tür und kleine Fenster aufweist. In keinem anderen Teil der Halbinsel Yucatán findet sich eine vergleichbare Struktur. Am Tempel der sieben Puppen sind noch die Überreste von großen Steinmasken und Stuckverzierungen an den Friesen erhalten, während das Mauerwerk schmucklos ist. Seinen Namen verdankt der Tempel sieben kleinen, grob gearbeiteten Figuren, die mißgestaltete Wesen darstellen.

Eine orginelle Verbindung des Chenes- mit dem Río-Bec-Stil und bedeutsame Neuerungen führten in Edzná in Campeche vermutlich zum Höhepunkt des Puuc-Stils. Zur Akropolis von Edzná gehört ein fünfstöckiges Gebäude (auf den beiden folgenden Seiten), an dem eine breite Stufe zu einem mit einem hohen Dachkamm gekrönten Tempel hinaufführt. Das Bauwerk besitzt sowohl die Merkmale einer Pyramide als auch die eines Palastes: Von ersterer hat es den wuchtigen Unterbau und die Treppenstruktur, an den Palast erinnern dagegen die durchbrochenen Außengalerien, die in regelmäßigen Abständen Licht einlassen. Der wuchtige Eindruck des Gesamtkomplexes wird durch zwei architektonische Hilfsmittel in besonderer Weise aufgelockert: einen Sims, der als einziges Schmuckelement oberhalb der Türöffnungen verläuft, sowie größere Öffnungen im vierten Stock, die gestützt werden durch kurze, leichte Säulen mit viereckigen Kapitellen. Die Verwendung der Säule ist eine Besonderheit des Puuc-Stils. Sie stellt nicht nur ein bauliches Mittel dar, sondern ist gleichzeitig auch ein Schmuckelement.

Sayil dürfte zu den Höhepunkten der Maya-Architektur gehören. Hier vereinigen sich rein dem Kult dienende architektonische Formen mit offensichtlich weltlichen Strukturen. Der hier abgebildete dreigeschossige Palast ist eines der schönsten Bauwerke Yucatáns. Der Gesamtkomplex erinnert auf den ersten Blick an die herkömmliche Stufenpyramide. Die Gestaltung der langen Ostfront und der kurzen Südfront verleiht dem Gebäude aber den unverwechselbaren Charakter eines echten Palastes, dem

keineswegs eine Stufenpyramide zugrunde gelegen haben muß. Die Besonderheit dieses Bauwerks beruht vor allem auf der Vielfalt der architektonischen Lösungen an der Hauptfassade. Wie sich aus den Überresten des ersten Geschosses ableiten läßt, sind zu beiden Seiten der mächtigen Treppe, die in drei aufeinanderfolgenden Rampen zum obersten Geschoß führte, unsymmetrische Verzierungen angebracht. Im zweiten Geschoß wechseln sich einfache mit durch Säulen gestützten dreiteiligen Eingängen ab.

Unten ein Ausschnitt aus der Hauptfassade des Großen Palastes von Sayil, der sehr schön die Verzierung des mittleren Stockwerks zeigt. Man sieht Halbsäulen, an denen dreifache Ausbuchtungen die Seilverbindungen nachbilden, mit denen die Holzstämme der Maya-Hütten zusammengehalten waren, und man erkennt Chac-Masken. Rechts Stele Nr. 5 mit dem Bild eines Oberpriesters. Entsprechend einer gängigen Darstellungsweise wird die Figur zum Teil im Profil gezeigt (Kopf und rechtes Bein), während der Rest von vorn gezeigt wird (Mexiko, Nationalmuseum).

Labná weist Bauwerke auf, wie sie für den Puuc-Stil charakteristisch sind. Zu den interessantesten gehört der Palast (links), ein gewaltiges Bauwerk, das aus einem mittleren Baukörper und zwei vorspringenden Seitenflügeln besteht. Am Palast sind die großen Chac-Masken mit der rüsselförmigen Nase auf hohe Paneele gesetzt, die an den Ecken des Dachs und an der Fassade oberhalb zentraler Öffnungen angebracht sind. Die Säulen stellen nicht, wie am Großen Palast von Sayil ein Bauelement dar, sondern dienen ausschließlich als Schmuck der Fassadenpaneele.

Als Umrandung der Eingänge und an den Gebäudeecken sind sie zu Dreiergruppen zusammengefaßt, während am Fries kleine Säulengruppen mit Mäandermotiven und Masken kombiniert sind. An der Fassade eines halbzerstörten Bauwerks (oben) in der Nähe des großen Bogens befindet sich eine Spielart der junquillos con ataduras, *das sind schlanke Säulen, mit denen die Holzverkleidung der Maya-Hütten in Stein nachgebildet wurde. Säulchen, Mäander und Chac-Masken sind drei Dekorationsmotive, die sich in Labná häufig wiederholen.*

Berühmt geworden ist Labná vor allem durch den sog. Triumphbogen (rechts), der eine ungewöhnliche architektonische Form aufweist. Der symmetrische Baukörper dieses Bogens mit dem charakteristischen Kragsteingewölbe erinnert an einen Triumphbogen. In Wirklichkeit handelt es sich aber, wie bei den beiden Toren am Palast des Gouverneurs und am Haus der Nonnen in Uxmal, um Durchgangs- oder Verbindungsbogen zwischen zwei Bauwerken. Neu ist, daß das falsche Gewölbe nicht zur Überdachung eines geschlossenen Raums, sondern als eigenständiges architektonisches Mittel verwendet wurde, um eine praktische bauliche Notwendigkeit auf elegante Weise zu lösen. Die Erbauer des Bogens von Labná scheinen sich der Originalität dieser Lösung bewußt gewesen zu sein. Das Dekor unterstreicht mit Absicht die praktische und ästhetische Funktion. Die beiden Fassaden weisen verschiedene, sehr effektvolle Verzierungen auf. Eines der Schmuckelemente im oberen Teil sind mäanderförmige Verzierungen zwischen zwei Simsen, die wie die extreme Stilisierung einer Chac-Maske wirken, ein anderes Element sind die beiden stilisierten Maya-Hütten auf steinernem Flechtwerk.

Zwischen Labná und Uxmal liegt Kabáh, was in der Maya-Sprache Yucatáns so viel bedeutet wie »die Hand, die ziseliert«. Das faszinierendste Bauwerk dieses Zentrums ist der Codz-Poop oder Palast der Masken (rechts). Dieses Gebäude, das zusammen mit anderen Bauwerken auf einer großen, künstlich aufgeschütteten Plattform steht, und von einem mäanderverzierten Dachkamm gekrönt wird, ist dem Regengott Chac geweiht. Die Fassade weist fünf Öffnungen auf, deren Abstände zueinander regelmäßig sind. Die Hochreliefmasken des rüsselnasigen Gottes, die in langen Horizontal- und Vertikallinien die gesamte Fassade überziehen, rechtfertigen voll den Namen Kabáh. Abgesehen vom Haus der Nonnen in Chichén Itzá findet man in keinem anderen Puuc-Zentrum ein ähnlich reichhaltiges Dekor. Unwillkürlich wird man an den Río-Bec- und den Chenes-Stil erinnert. Aber sowohl im Codz-Poop als auch im Haus der Nonnen ist ein schöpferischer Rhythmus spürbar, der in anderen Stilrichtungen fehlt. Der Name Codz-Poop leitet sich von der langen, eingerollten Rüsselnase einer großen Maske ab, die als Tor dient und wie ein eingerollter Zopf aussieht.

Der mit Ausnahme eines Simses schmucklose Bogen am Eingang von Kabáh steht über einer weißen Straße (unten), die dieses Zentrum mit Uxmal verband. Das Bauwerk steht allein auf einer Plattform und diente vielleicht der symbolischen Abgrenzung zwischen dem heiligen Bezirk, d.h. dem Stadtinneren, und dem Profanbezirk, d.h. dem äußeren Teil der Maya-Stadt. Der Kontrast zwischen dieser strengen, fast wie geplündert wirkenden Struktur und den anderen Bauwerken der großen Mayastadt ist sehr stark und wird besonders deutlich, wenn man den Codz-Poop (links ein Ausschnitt aus der Fassade) gegenüberstellt.

Uxmal ist das Paradebeispiel einer Stadt im Puuc-Stil. Sie setzt sich aus acht Gebäudekomplexen zusammen, die eine ausgedehnte Fläche einnehmen. Die einzelnen Bauwerke, aus denen die verschiedenen Gebäudeblocks bestehen, sind mehr als in anderen Zentren Yucatáns durch gemeinsame künstliche Plattformen oder durch bauliche Stilmittel miteinander verbunden. Als Bindeglieder zwischen den einzelnen Gebäudekomplexen dienen Wege. Die Abbildung zeigt einige der wichtigsten Bauwerke der großen Maya-Stadt: das Nonnenviereck, den Schildkrötentempel, den Ballspielplatz und die Pyramide des Zauberers.

Die Pyramide des Zauberers (links) hat einen ungewöhnlichen, fast elliptischen Grundriß. Sie ist das Ergebnis von vier Überbauungen, die von ihrem hohen Lebensalter zeugen. Gekrönt wird die Pyramide von einem Tempel im reinen Puuc-Stil, wohingegen der hinter der Pyramide liegende Tempel einer früheren Epoche angehört und sowohl in bezug auf den Eingang als auch auf das Dekor von Monsterrachen den Einfluß des Chenes-Stils zeigt. Zu einem der letzten Bauabschnitte gehört die steile, in drei Rampen gegliederte, Treppe, die von Chac-Masken eingefaßt ist.

Die Steinskulptur (oben) war eines der schönsten Schmuckelemente im Tempelinneren der Pyramide des Zauberers. In diesem ausdrucksvollen menschlichen Kopf, der aus dem Schlund einer Schlange herausragt, wurde ein Kukulcán-Priester dargestellt. Kukulcán gilt als der religiöse Held Itzás. Während der Nordostwanderung und der Niederlassung in Chichén Itzá hatte er das Volk geführt und war dann in einen Gott verwandelt worden. Kukulcán dürfte die Maya-Version der gefiederten Schlange Quetzalcatl sein (Nationalmuseum, Mexiko).

In unmittelbarer Nachbarschaft der Pyramide des Zauberers befindet sich das Nonnenviereck oder Nonnenkloster, das von den Spaniern wegen seiner Ähnlichkeit mit einer Klosteranlage so genannt wurde. Zu diesem Komplex gelangt man durch einen für die Region charakteristischen großen Maya-Bogen, der den Blick auf die ausgesucht schöne Fassade des nördlichen Gebäudes freigibt (unten). Die Maya kannten nur den falschen Bogen mit vorkragenden Steinen und machten ihn zum typischen Element ihrer Architektur. Es gelang ihnen nicht, die statische Lösung für

den echten Bogen mit Scheitel zu finden, die theoretisch in Reichweite lag. Das Nonnenviereck (auf den beiden folgenden Seiten) ist ein an den Ecken offener architektonischer Komplex. Er besteht aus vier um einen nicht ganz rechteckigen Hof gruppierten Gebäuden, an denen linear in rhythmischer Folge Schmuckelemente angebracht sind. Die fast hierarchische Anordnung der einzelnen Gebäude auf unterschiedlichen Ebenen verleiht dem Ganzen die Wirkung harmonischer Vielfalt.

Hier einige Details aus dem nördlichen Gebäude des Nonnenklosters. Im reichen Dekor taucht wieder das Motiv der stilisierten Maya-Hütte auf. Zum nördlichen Gebäudekomplex des Nonnenvierecks gehören zwei Bauwerke, die fast wie Vorbauten wirken und die breite, majestätische Treppe umschließen. Oben links ist der linke Flügel, der sog. Venustempel, zu sehen. Man beachte die kräftigen, sich verjüngenden Pfeiler mit Säulenbasis und Kapitell, die den Fries tragen.

Unten ein Ausschnitt mit der Ecklösung zwischen dem Nord- und dem Ostbau des Nonnenvierecks. Man sieht hier die ausgefeilten Chac-Masken, die abwechslungsweise mit Mäandern und Rauten den Dekorfluß der Umrandung unterbrechen. Außerdem erkennt man eines der beiden Bauwerke, welche die Zugangstreppe zum Nordgebäude flankieren. An der Ostfassade unterbrechen die Chac-Masken eine Folge eleganter, trapezförmiger Muster aus stilisierten zweiköpfigen Schlangen, die sich gegen das Kreuzgitter des Untergrunds abheben.

Charakteristisch für den mittleren Baukörper des Gouverneurs-Palastes ist das Dekor des Frieses mit einer lebhaften Folge von Mäandermotiven. Diese Motive setzen sich in den Seitenflügeln fort, die durch einen früher offenen Bogen in Form einer Pfeilspitze mit dem Zentralbau verbunden sind (rechts). Der untere Teil der Fassade dagegen unterstreicht, unterstützt durch den breiten Treppenzugang und die Maske über dem Haupttor, den Eindruck von Symmetrie, den die abgestuften Tore vermitteln.

Der sog. Palast des Gouverneurs ist für viele nicht nur das schönste Gebäude der klassischen Maya-Architektur in Yucatán, sondern er ist wegen seiner harmonischen Proportionen und seiner prachtvollen Verzierungen auch einer der interessantesten ganz Mesoamerikas. Es steht auf einer gewaltigen Terrassenanlage in der Nähe der Pyramide des Zauberers, ist etwa 100 Meter lang und besteht aus einem zentralen Hauptgebäude und zwei kleineren Seitengebäuden, die durch zwei (in späteren Zeiten teilweise zugemauerte) Durchgänge im Stil eines hohen Maya-Gewölbes gegeneinander abgegrenzt sind. Wie bei anderen Gebäuden in Uxmal überwiegt auch beim Palast das Interesse für den Hauptbaukörper. Das zeigt sich u.a. am breiteren Mitteltor und am unterschiedlichen Abstand der anschließenden Tore, die mit Simsumrandungen verziert sind, so daß das Mauerwerk leichter erscheint. Über dem Haupttor tritt aus einem trapezförmigen Motiv eine große Maske heraus. Hier nimmt die Dekorfolge ihren Anfang. Auffallend sind die klaren Simse, die der Fassade eine Gliederung und dem Schmuckfries mit den Mäander- und Flechtwerkornamenten einen angemessenen Rahmen geben.

Das einfache, aber entzückende Haus der Schildkröten (links oben) wird so genannt wegen der Schildkrötenplastiken, die in die Zierleiste des oberen Simses eingelassen sind. Der Fries zwischen dem Architrav und dem Sims besteht aus dicht aneinandergesetzten Säulchen. Die große, leider nicht sehr gut erhaltene Pyramide (links unten) steht in der Nähe des Palastes des Gouverneurs. Die Abbildung unten zeigt einen mit Tätowierungen geschmückten Sandsteinkopf. Er kommt aus Uxmal (Mérida, Regionalmuseum). Man nimmt an, daß es sich um das Porträt eines Chac-Priesters handelt.

In dieser Rekonstruktion, die wir dem Plan von Chichén Itzá gegenübergestellt haben, erkennt man im Vordergrund den Cenote *oder Opferbrunnen, von dem eine große Zeremonialstraße zum Castillo, auch Pyramide des Kukulcán genannt, führt. Rechts sieht man den Ballspielplatz, in der Mitte, aber etwas zurückgesetzt, das Observatorium El Caracol und links den Tempel der Krieger mit der Gruppe der 1000 Säulen. Dahinter liegt der Markt und ganz im Hintergrund die alte Stadt. Chichén Itzá entwickelte sich, wie man an Bauwerken wie dem Nonnenhaus und dem Nebengebäude und La Iglesia (Kirche) ersehen kann, unter dem Einfluß sowohl*

des Chenes- als auch des Puuc-Stils. Ihre größte Ausdehnung erreichte diese ursprünglich von den Maya errichtete und später von verschiedenen großen Stilrichtungen überlagerte Stadt in der spätklassischen und vor allem in der nachklassischen Epoche. Der Grund dafür waren mindestens zwei große Wanderbewegungen aus dem heutigen Mexiko: Die Itzá, vermutlich aztekinierte Chontal-Maya aus Tabasco, die auf dem Seeweg von Osten her eindrangen, und die Tolteken aus Tula. Der Bildausschnitt (rechts) zeigt das Nebengebäude des Nonnenhauses und die Kirche«.

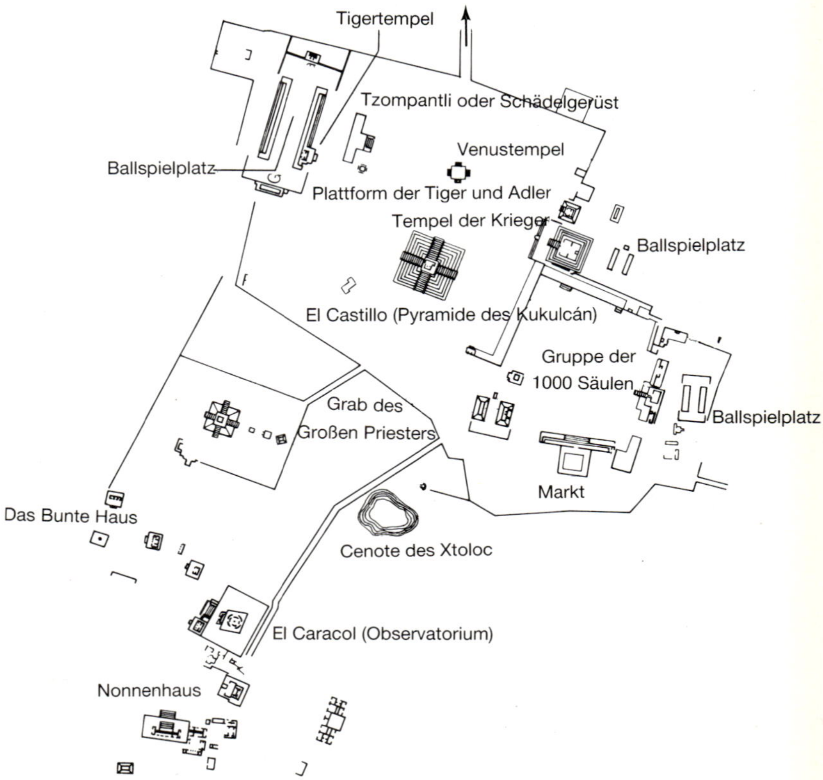
Opferbrunnen
Tigertempel
Tzompantli oder Schädelgerüst
Venustempel
Ballspielplatz
Plattform der Tiger und Adler
Tempel der Krieger
Ballspielplatz
El Castillo (Pyramide des Kukulcán)
Gruppe der
1000 Säulen
Grab des
Großen Priesters
Ballspielplatz
Markt
Das Bunte Haus
Cenote des Xtoloc
El Caracol (Observatorium)
Nonnenhaus

Unten eine Rekonstruktion des Bunten Hauses (Casa Colorada) und der Schnecke (Caracol). Die Casa Colorada ist ein rechteckiges Bauwerk, das auf einer hohen künstlichen Plattform ruht und über eine Treppe zugänglich ist. Der Bau, der vermutlich schon vor Ankunft der Tolteken errichtet wurde, besteht aus zwei parallel laufenden Galerien. Die erste Galerie weist drei Eingangsöffnungen auf, die zweite ist in drei Räume unterteilt. Das Bunte Haus trug ursprünglich zwei Dachkämme, wobei der Dachkamm über der Fassade mit Mäandern und Masken verziert war.

Das berühmteste astronomische Observatorium der Maya ist das von Chichén Itzá. Bekanntgeworden ist es unter dem Namen El Caracol, was soviel bedeutet wie Schnecke (unten). El Caracol ist das Ergebnis verschiedener Bauphasen. Es ist ein zweistöckiger, mehr als 12 Meter hoher Rundbau, der auf zwei übereinanderliegenden Plattformen ruht. Besonders interessant ist sein kreisförmiger Grundriß, eine in der Maya-Architektur bis dahin unbekannte Form, wenn man von einem zylindrischen Turm im Río-Bec-Gebiet einmal absieht. Der Ursprung dieses Bauwerks liegt zweifellos im Norden Mexikos.

Das Observatorium El Caracol (links) verdankt seinen Namen der an ein Schneckenhaus erinnernden Wendeltreppe. Die enge Treppe führt zu einem Raum mit sieben rechteckigen Öffnungen, von dem man annimmt, daß er zur Bestimmung der Tag- und Nachtgleichen und der Sonnenwenden diente. Wenngleich das Bauwerk viele Maya-Errungenschaften aufweist, wie z.B. das falsche Gewölbe und die Chac-Masken, sind doch auch zahlreiche toltekische Einflüsse erkennbar, wie die gefiederten Schlangen am Treppenaufgang und die Kriegerköpfe am Rand der oberen Plattform. Unten: Eine Zeremonialscheibe aus dem Caracol (Mérida, Museum).

Die Spanier haben diese, dem Kukulcán geweihte, Pyramide wegen ihrer imponierenden Größe El Castillo genannt. Sie steht in der Mitte des Hauptplatzes von Chichén Itzá und besteht aus neun übereinander gelagerten Terrassen. Vier steile Treppen in der Mitte jeder Pyramidenflanke (eine in der mesoamerikanischen Architektur nicht sehr häufige Erscheinung) führen zum eigentlichen Tempel, der aus dem obersten Absatz des Bauwerks wächst. Im Inneren des Castillo wurde eine weitere spätklassische Pyramide mit einem Tempelaufbau gefunden, der zwei Steinskulpturen enthielt: einen Chac-mool und den herrlichen »Thron des roten Jaguars«. Auf diesem Thron ist in Lebensgröße ein zinnoberrot bemalter Jaguar dargestellt mit Jadeaugen und Einlegearbeiten ebenfalls aus Jade, mit denen die Flecken des Jaguarfells imitiert werden. Das Bauwerk weist zahlreiche toltekische Elemente auf, wie die Schlangenköpfe am Fuß der Haupttreppe, die schlangenförmigen Säulen, die den Architrav des Eingangstors zum Tempel stützen, sowie die Skulpturen in Form von Schnecken und gekreuzten Pfeilen, die als Ersatz für den Dachkamm den Rand des Daches zieren.

Der Tempel der Krieger in Chichén Itzá (unten) – fast eine Kopie des Tempels von Tula, der Hauptstadt der Tolteken – ist von unzähligen Säulen umgeben, welche die Überdachung langer Versammlungsräume trugen. Die Flachreliefs an den Pfeilern zeigen stereotype Bilder von Soldaten, die den für die Tolteken-Herrschaft kennzeichnenden kriegerischen Aspekt des Tempels unterstreichen. Die schlangenförmigen Pfeiler (rechts) und der Chac-mool (Seite 58), die dem dreiteiligen Haupteingang gegenüberstehen, erinnern an grausame Kulthandlungen und dunkle Initiationsriten. Ein Musterbeispiel für die postklassische

Kunst in Yucatán ist die Darstellung des Chac-mool als halb liegender Mensch, der im Begriff ist, sich aufzurichten, die Hände mit der Opferschale für die Menschenherzen auf den Bauch gestützt. An den Ohren und auf der Brust erkennt man rechteckige Schmuckelemente; die Figur trägt Armreifen, Federringe an den Knöcheln und Sandalen. Aus dem Tempel der Krieger stammt auch der in Stein gehauene Atlant (Seite 59), der, seiner Armhaltung nach zu schließen, einen Altar getragen haben könnte (Mexiko, Nationalmuseum).

Im Zentrum von Chichén Itzá stehen zwei Zeremonialbauwerke, die als Plattform der Adler und Jaguare (links) und als Venustempel bekannt sind. Ihr Grundriß ist quadratisch. Sie sind über vier, von gefiederten Schlangen gesäumte, Seitentreppen zugänglich. Die Reliefs, mit denen die Plattform der Adler geschmückt ist, zeigen Tolteken-Motive: Adler und Jaguare, die Menschenherzen verschlingen. Von der Plattform der Adler stammt der zusammengekauerte Jaguar (unten), der ein Herz in seinen Fängen hält (Mexiko, Nationalmuseum).

Der Venustempel (unten) erhebt sich neben der Plattform der Adler und Jaguare gegenüber der Nordtreppe des Castillo. Das Bauwerk ist mit zarten Reliefs geschmückt, die das Zeichen des Planeten Venus, ein gefiedertes, mit Klauen versehenes Monster, gefiederte Schlangen und symbolische Motive darstellen. Der Venustempel und die Plattform der Adler und Jaguare zeigen eine nicht zu übersehende Ähnlichkeit mit dem heute halb zerstörten Altar in der Mitte des Hauptplatzes von Tula.

In Chichén Itzá wurden sieben Ballspielplätze gefunden. Der größte (unten) liegt am Rand des Hauptplatzes. Das riesige, 168 Meter lange und 70 Meter breite Spielfeld übertrifft mit seinen Maßen alle anderen Ballspielplätze Mesoamerikas. Hier kehrt das Motiv der gefiederten Schlange wieder: Ein Reptil dient als Verbindungssims zwischen der Böschungsmauer und dem darüberliegenden vertikalen Gebäudeteil, und die gefiederten Schlangen schmücken die beiden großen Ringe. An der Bank zu Füßen der hohen Begrenzungsmauern stellen Flachreliefs die Enthauptung eines Spielers dar.

*Unten der Jaguartempel, im Vordergrund das Schädelgerüst (*tzompantli*), das die in Reih und Glied angeordneten Schädel geopferter Menschen zeigt (rechts). Der von den Tolteken eingeführte* tzompantli *ist eine Ausdrucksform ihrer blutrünstigen Kultur. Es zeigt, daß sie mit Menschenopfern vertraut waren, die bei den Maya nur ganz bestimmten, vermutlich sehr seltenen Riten vorbehalten waren.*

An einer Seite des großen Ballspielplatzes von Chichén Itzá erhebt sich der Tempel der Tiger oder Jaguare (links und unten), der das Ergebnis einer gelungenen Mischung von Maya- und Tolteken-Elementen ist, wobei letztere überwiegen. Das Bauwerk steht auf einem hohen pyramidenförmigen Sockel. Eine mit gefiederten Schlangen umsäumte Rampe führt zum oberen Tempel, dessen Eingang durch zwei gedrungene Säulen in Form furchterregender Schlangen in drei Öffnungen geteilt wird. Ein breiter Sims umschließt den abwechselnd mit Raubkatzen und Schilden geschmückten Fries.

Im Schutz der Pyramidenbasis des Tempels der Tiger oder Jaguare steht ein kleiner Tempelbau, der aus einem einzigen Raum besteht und zu dem man durch einen Maya-Bogen gelangt (links). Zwischen den beiden Pfeilern erkennt man die Skulptur einer Raubkatze (unten), die dem »Thron des roten Jaguars« ähnlich ist. Sowohl die Wände als auch die Pfeiler sind mit heute leider zum Teil zerstörten Flachreliefs versehen, die Szenen aus dem religiösen Leben wiedergeben. Man kann hier z.B. Priester erkennen, die mit Schlangen kämpfen.

Auf den beiden folgenden Seiten: Zwei Ausschnitte aus der Rekonstruktion einer Freskomalerei des oberen Jaguartempels, die eine Schlachtszene bei einem typischen Maya-Dorf darstellt. Gefiederte Schlangen führen die Tolteken-Krieger an, welche die Maya-Krieger angreifen. Beide kriegführenden Parteien tragen dieselben Waffen: Speere, Schleudern und runde Schilde. Von den empfindlichen Wandmalereien sind sehr viele verlorengegangen. Die wenigen, die verblieben sind, zeugen vom beachtlichen technischen Können der Maya.

Oben: Zeremonialscheibe aus Chichén Itzá. Die Mosaikarbeit aus Türkisen, Muscheln und Pyritsteinen auf Holz hat einen Durchmesser von 24 cm. Sie ist ein guter Beweis für das hohe Niveau der Maya-Künstler. Die Scheibe stammt aus dem Überbau des Castillo und deutet auf den Sonnenkult hin. Sie ist in vier Felder eingeteilt, in die jeweils das Profil einer Feuerschlange mit metallischem Auge eingelassen ist. Die vier Feuerschlangen sind vermutlich Symbol für die vier Himmelsrichtungen. Bei den Maya wurden die Himmelsrichtungen vor der Invasion der Tolteken mit verschiedenfarbigen Chac-Masken gekennzeichnet: rot für den Osten, weiß für den Norden, schwarz für den Westen und gelb für den Süden. Dieselben Farben belebten die Gebäudefassaden, die ursprünglich grell bemalt waren. Unten: Der Kopf einer gefiederten Schlange, der aus einem Gebäude in Chichén Itzá stammt. Seite 73 ebenfalls eine in Chichén Itzá gefundene Steinskulptur. Sie stellt einen Mann dar, der aus dem weit aufgerissenen Rachen eines Jaguars herausschaut (Mexiko, Nationalmuseum).

Über der Karibik-Küste erhebt sich die Stadt Tulúm, deren Name soviel bedeutet wie »Festung«. Wie ein befestigter Ort wirkt Tulúm nicht nur wegen der Mauern, die es von drei Seiten umgeben, während an der vierten Seite die Felsen steil zum Meer abfallen, sondern auch wegen seiner spröden, fast groben Architektur, die im Sinne der Bautradition der Maya und Tolteken eher an eine Verteidigungsanlage als an eine Kultstätte erinnert. Das Bild unten zeigt einen Wachtturm, rechts der Tempel der Fresken (oben) und ein plastisches Modell (unten), an dem Anlage und Struktur dieses Gemeinwesens abzulesen ist.

Inhalt